COURS MÉTHODIQUE

DE

DESSIN LINÉAIRE

ET DE

GÉOMÉTRIE USUELLE,

APPLICABLE A TOUS LES MODES D'ENSEIGNEMENT,

PAR M. L. LAMOTTE,

AUTEUR DU TRAITÉ ÉLÉMENTAIRE D'ARPENTAGE.

OUVRAGE ADOPTÉ PAR LE CONSEIL ROYAL DE L'INSTRUCTION PUBLIQUE.

TROISIÈME ÉDITION.

PARIS,

LIBRAIRIE CLASSIQUE ET ÉLÉMENTAIRE DE L. HACHETTE,

ANCIEN ÉLÈVE DE L'ÉCOLE NORMALE,

RUE PIERRE-SARRAZIN, N° 12.

1834.

PREMIER TABLEAU

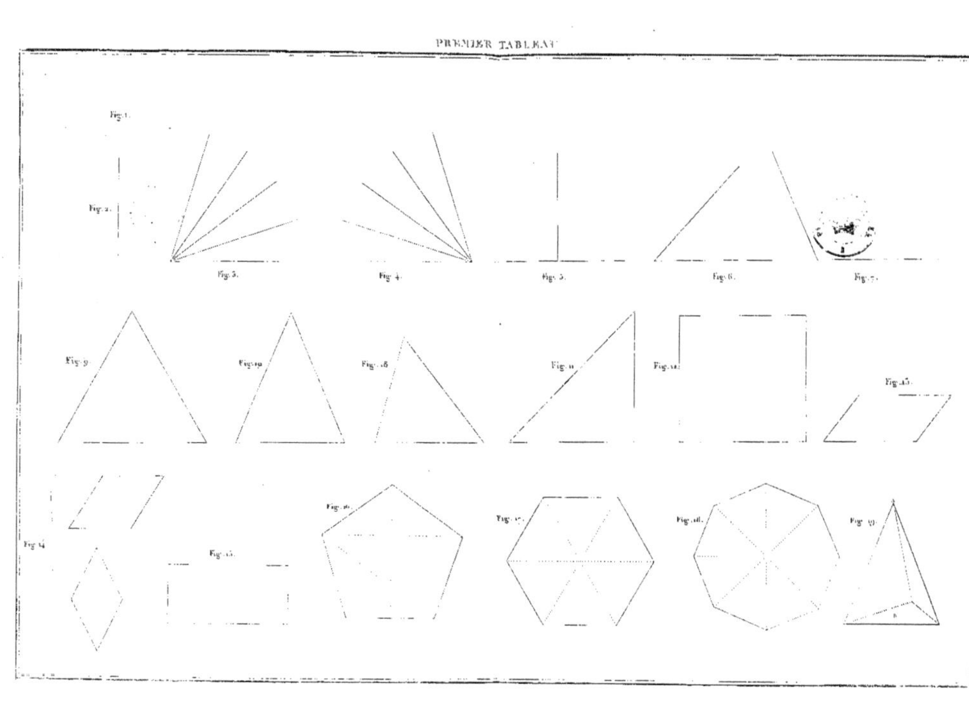

DEUXIÈME TABLEAU

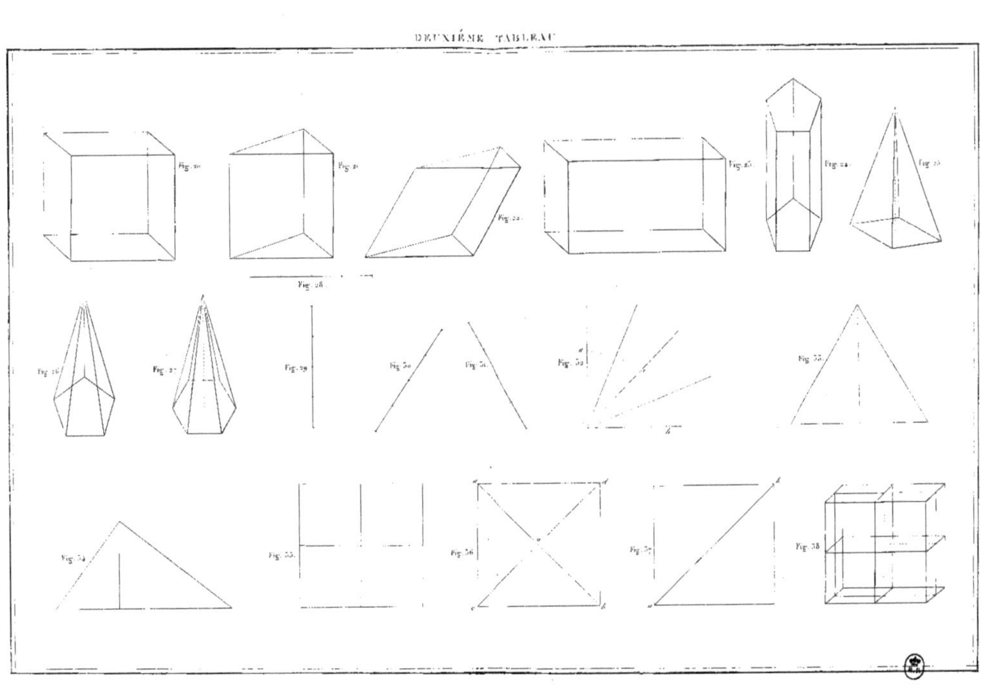

TROISIÈME TABLEAU

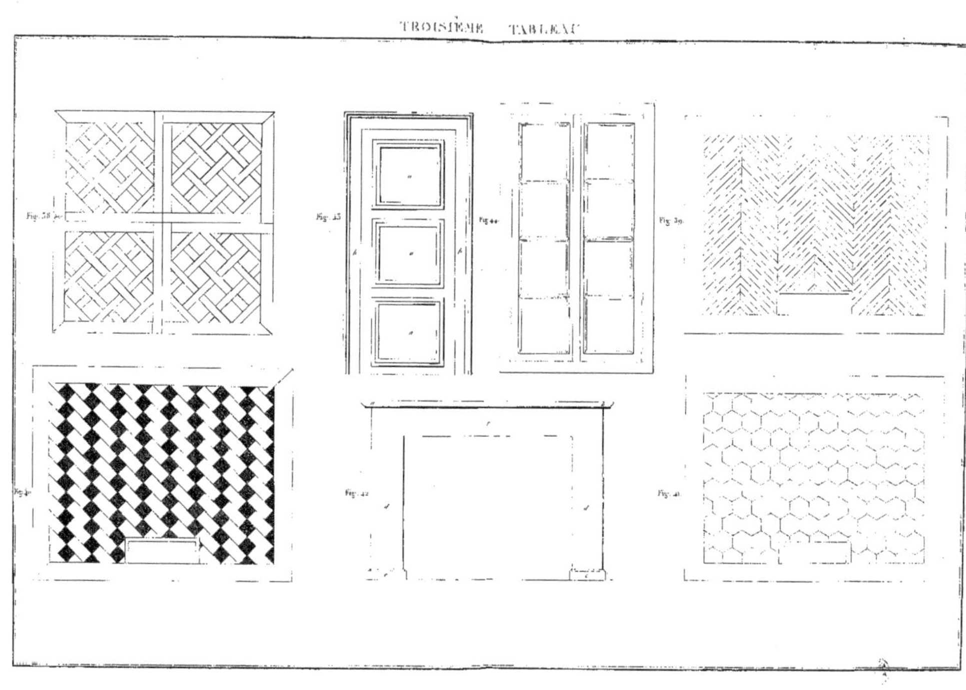

QUATRIÈME TABLEAU

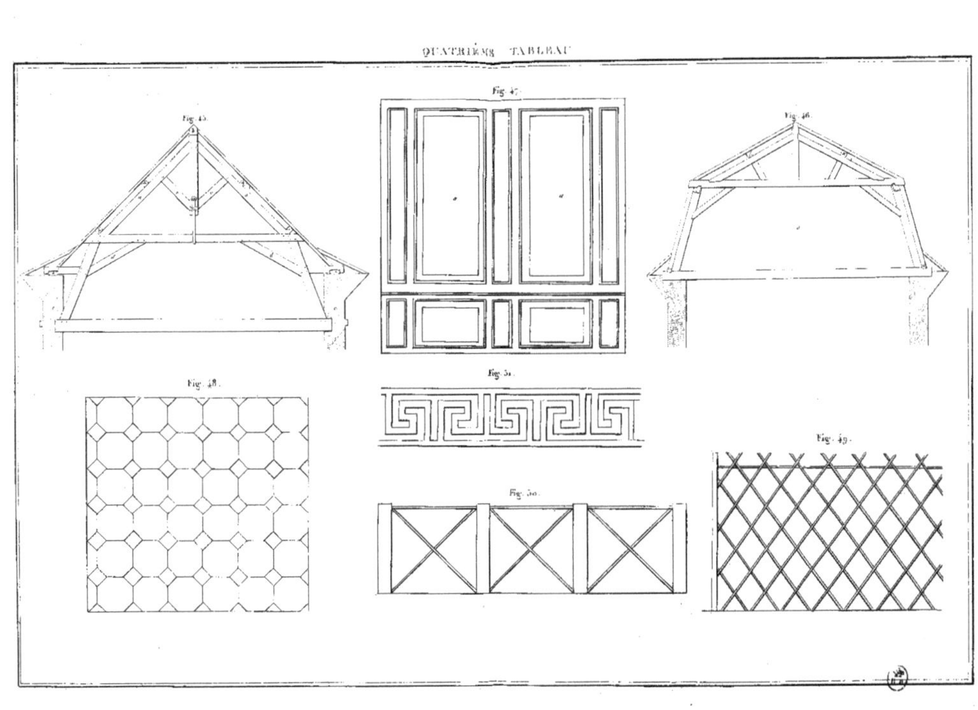

CINQUIÈME TABLEAU

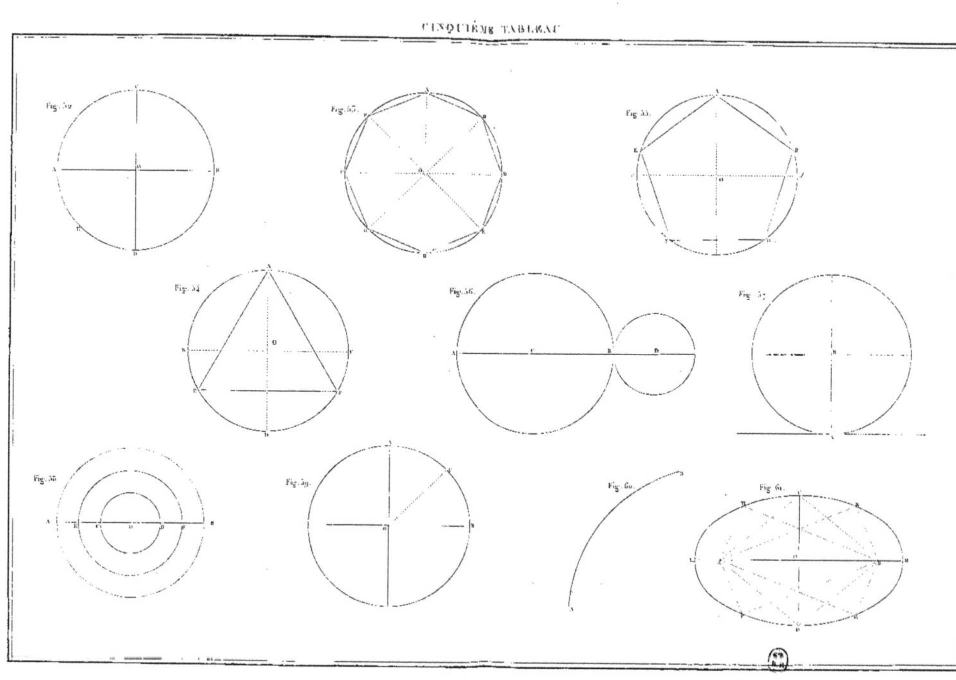

SIXIÈME TABLEAU

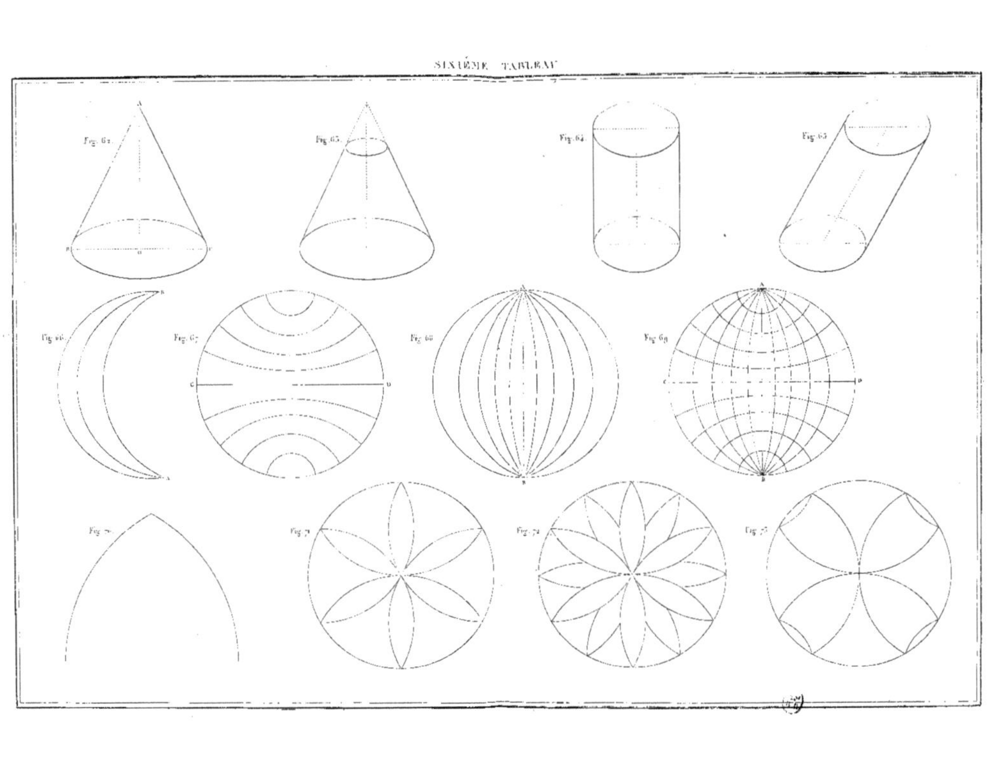

SEPTIÈME TABLEAU

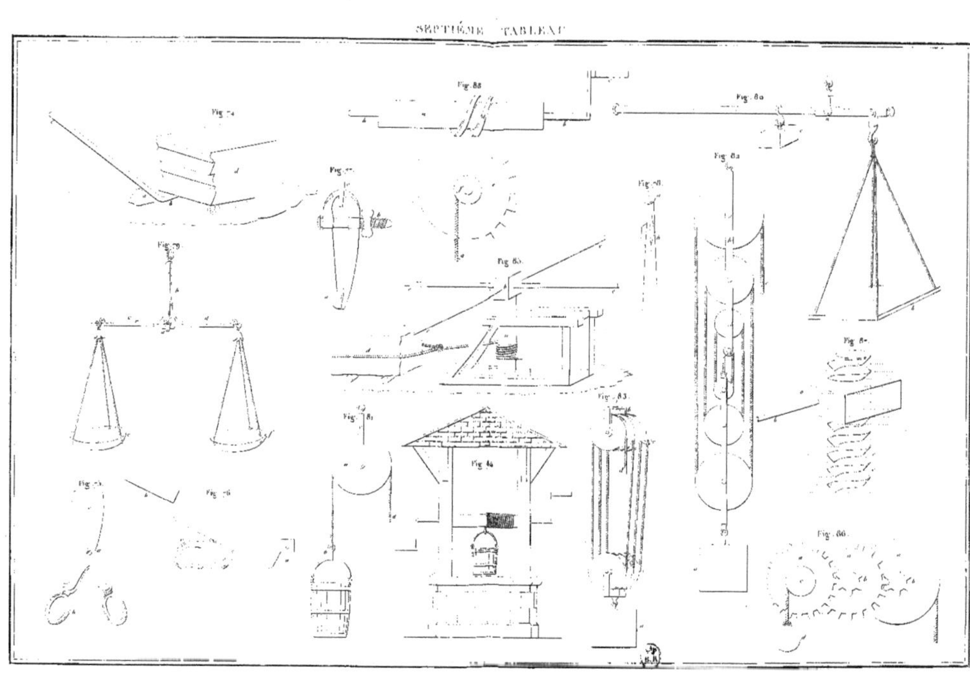

HUITIÈME TABLEAU

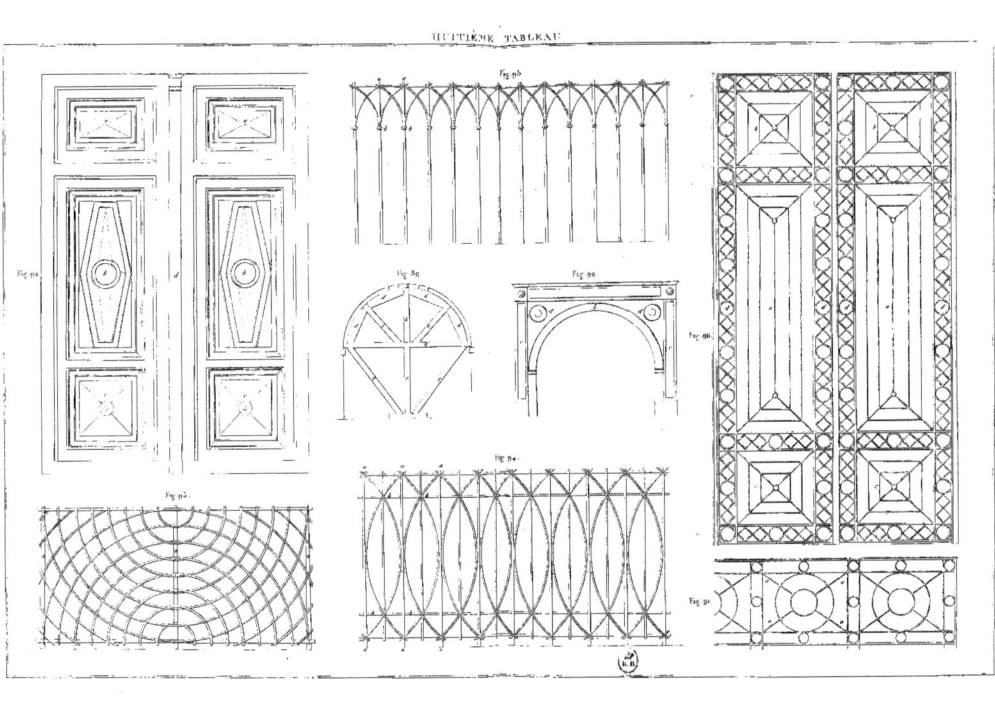

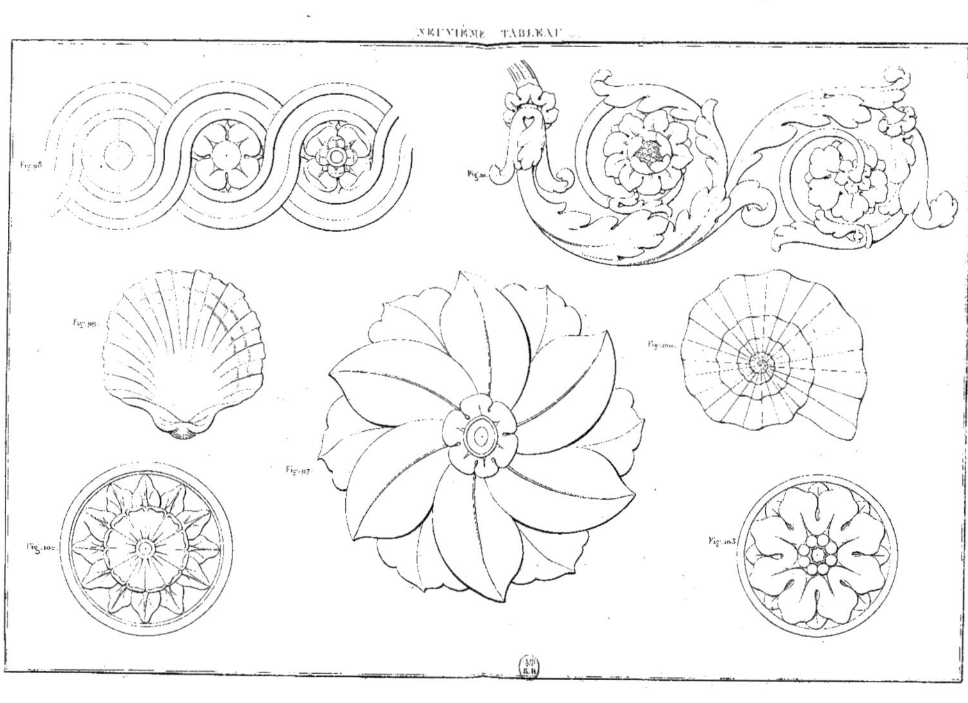
NEUVIÈME TABLEAU
Fig. 98
Fig. 99
Fig. 97
Fig. 100
Fig. 102
Fig. 103

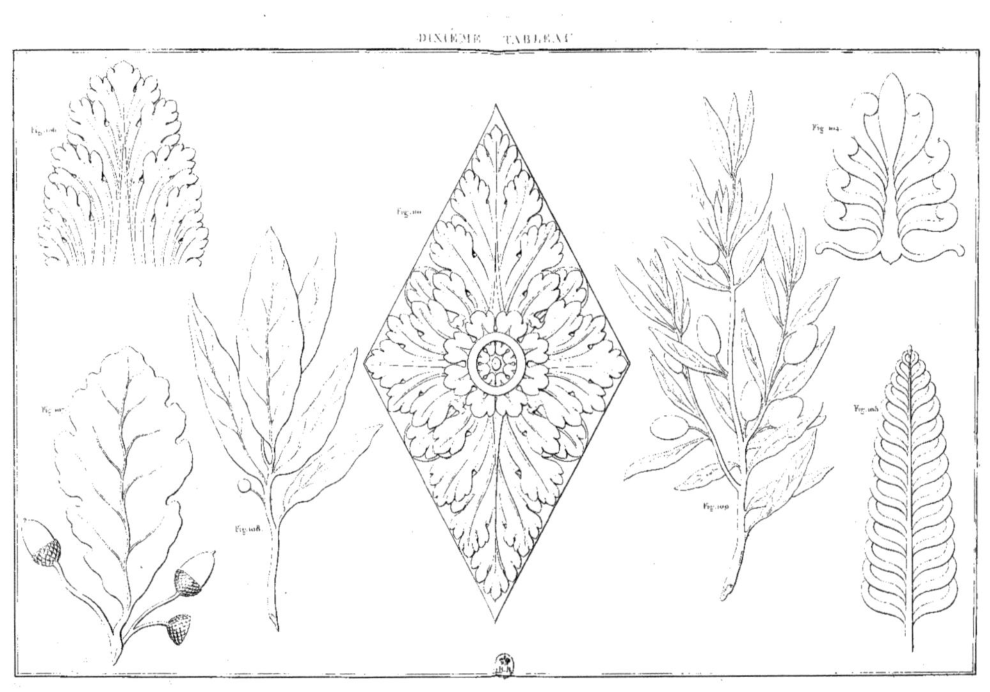
DIXIÈME TABLEAU
Fig. 108.
Fig. 109

ONZIÈME TABLEAU

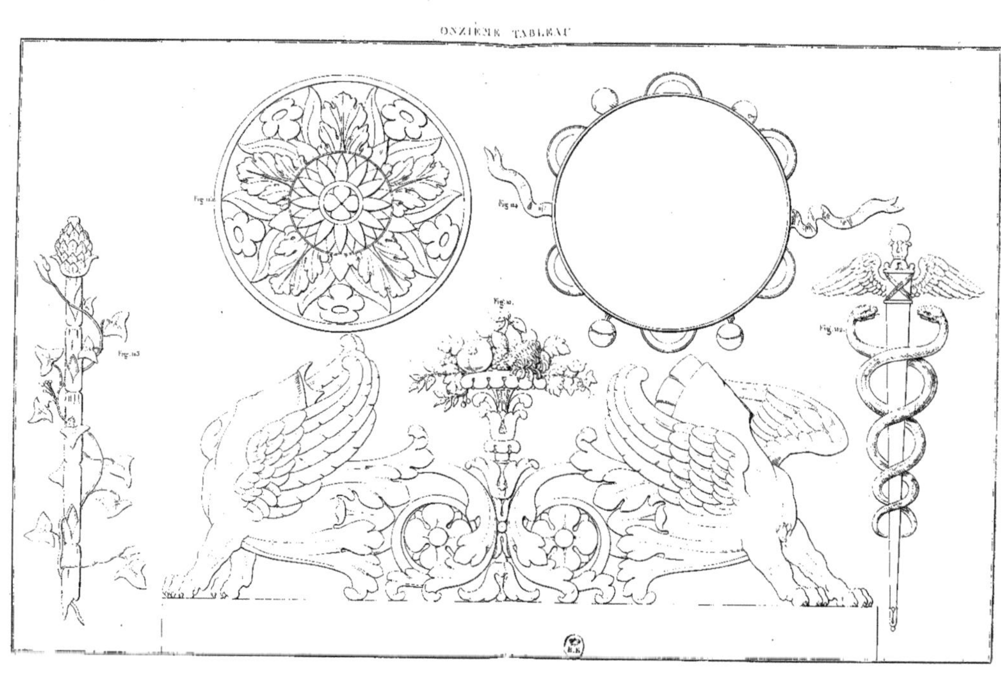

DOUZIÈME TABLEAU

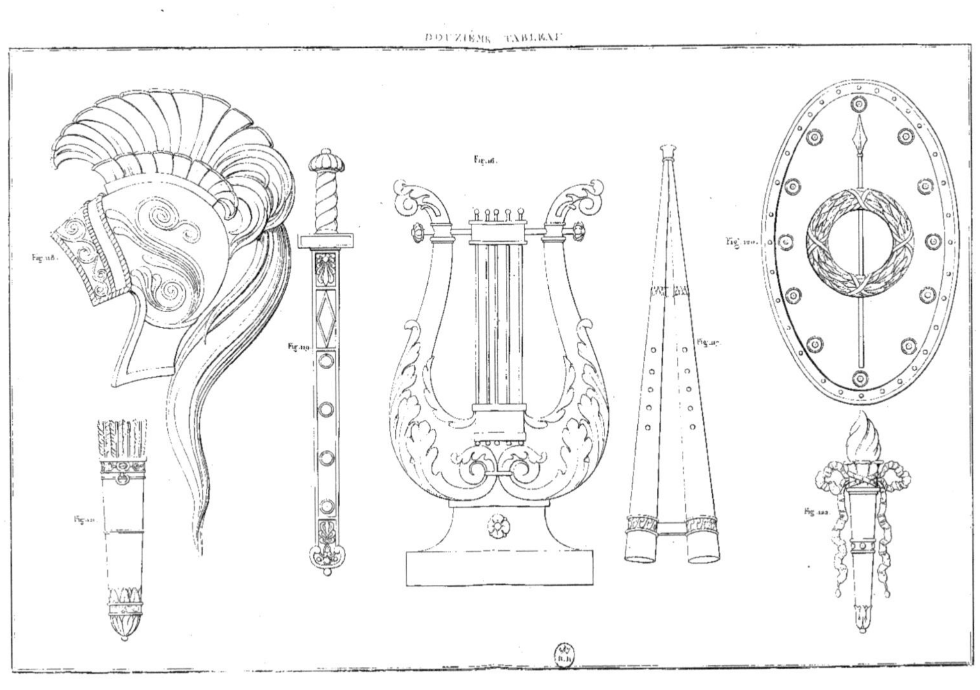

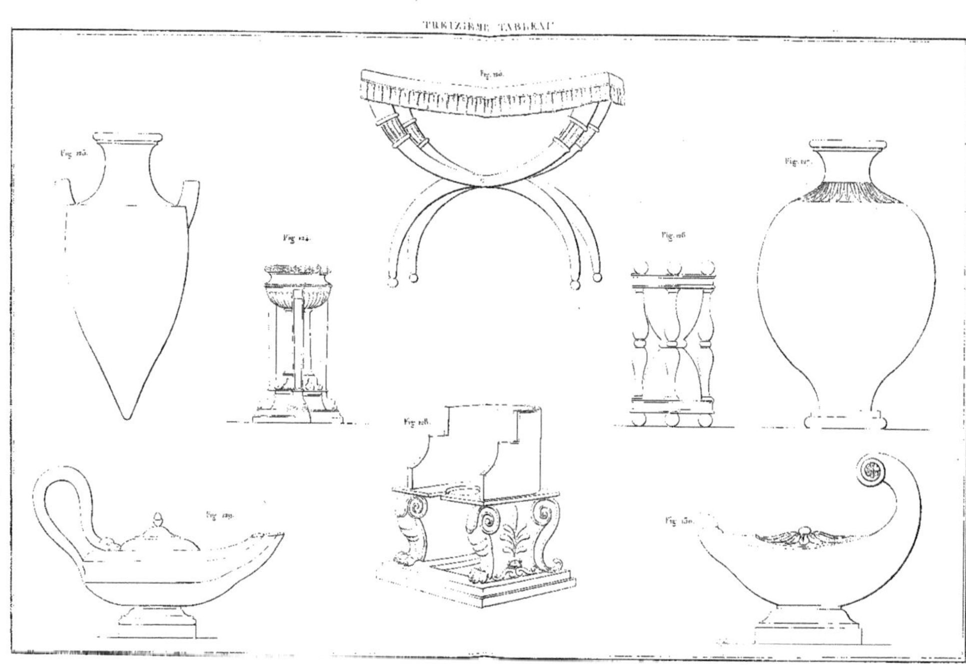
TREIZIÈME TABLEAU

QUATORZIÈME TABLEAU

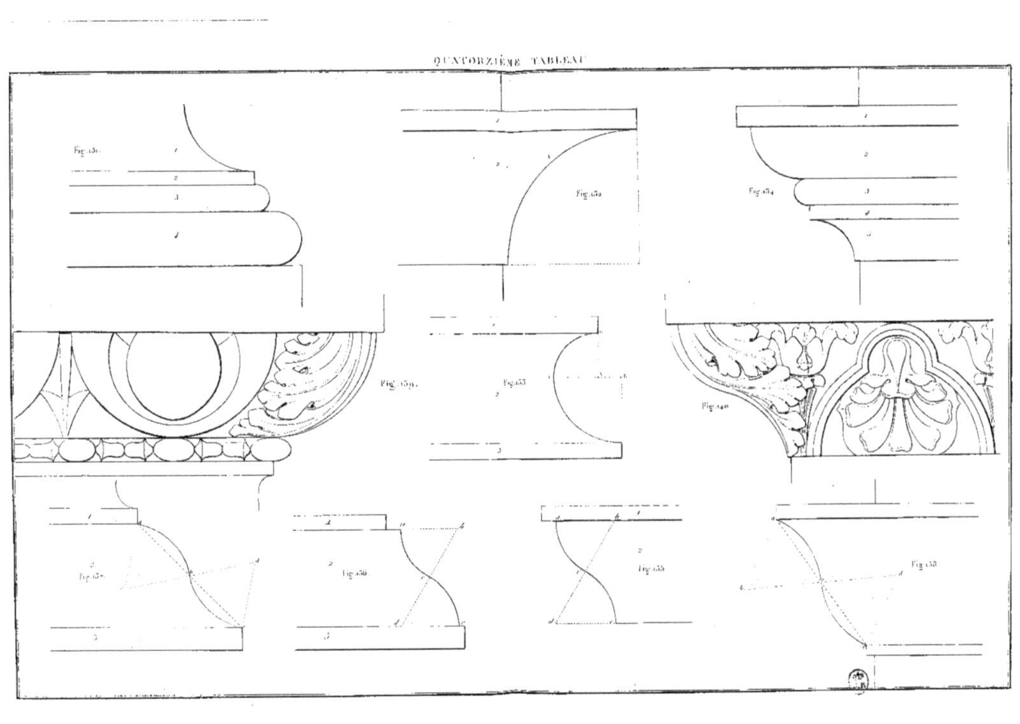

QUINZIÈME TABLEAU

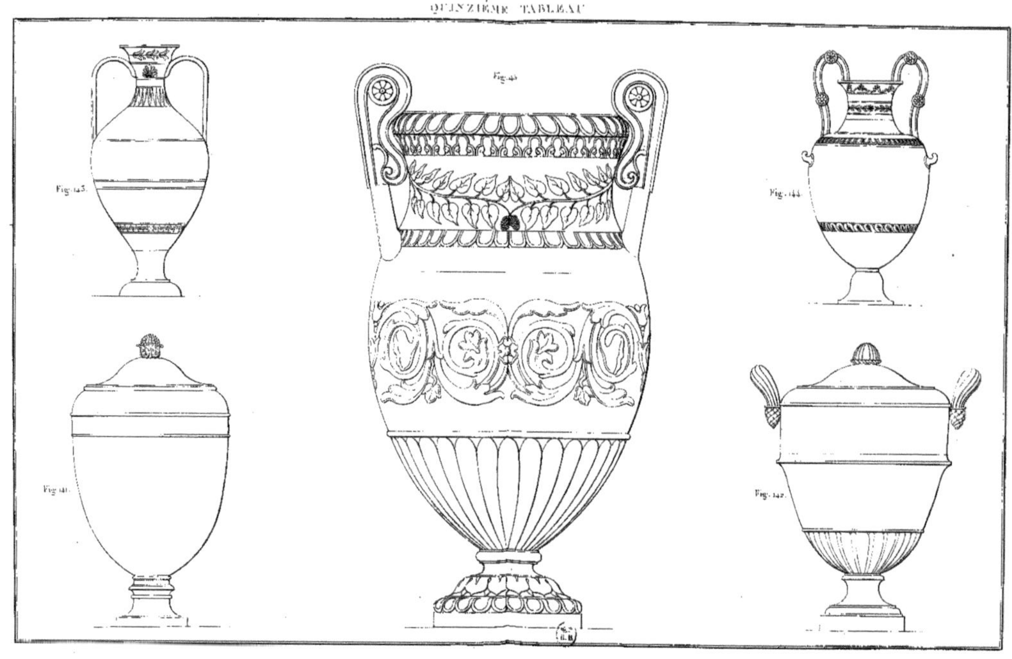

SEIZIÈME TABLEAU

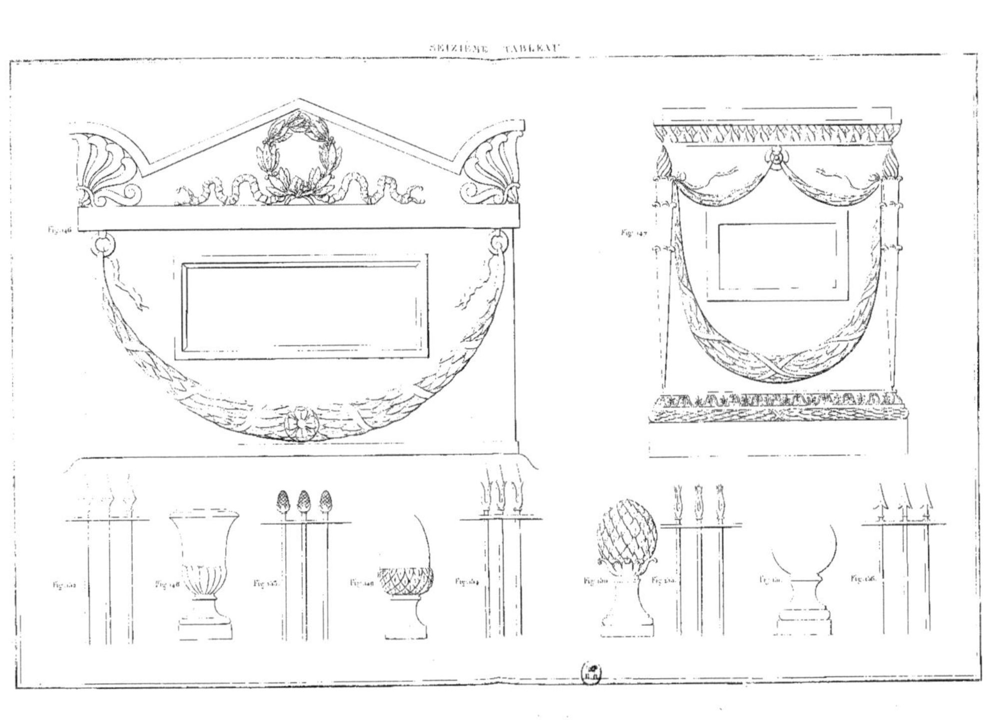

DIX SEPTIÈME TABLEAU

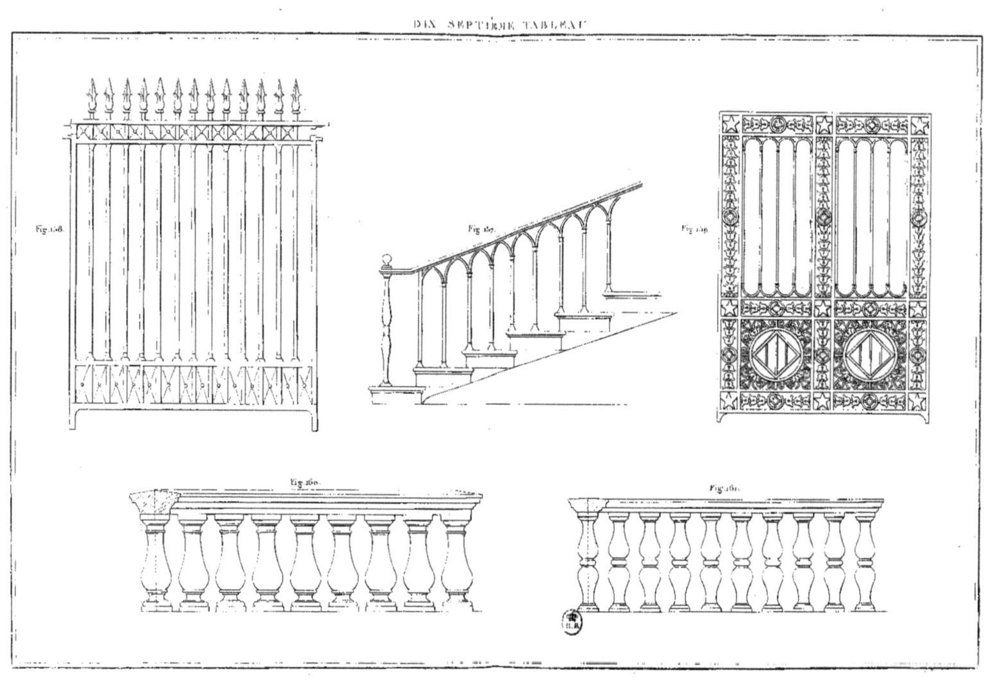

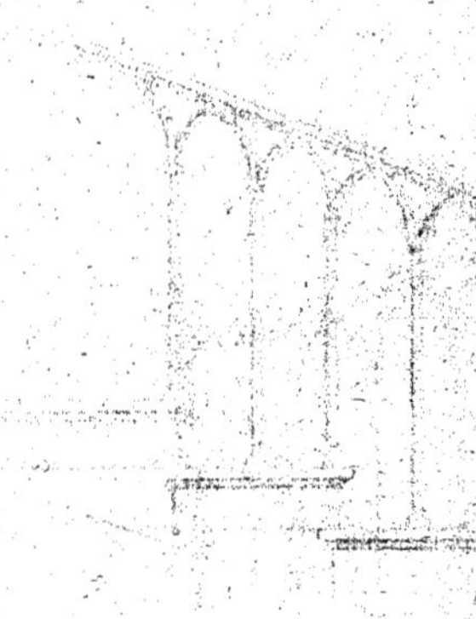

DIX-HUITIÈME TABLEAU

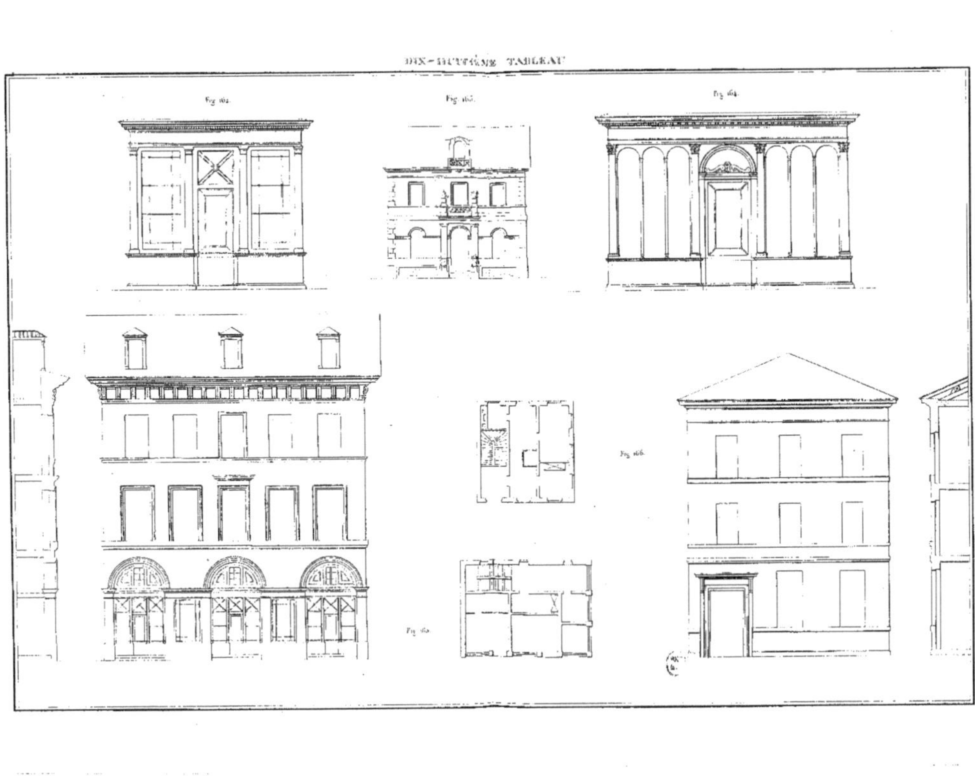

DIX-NEUVIÈME TABLEAU

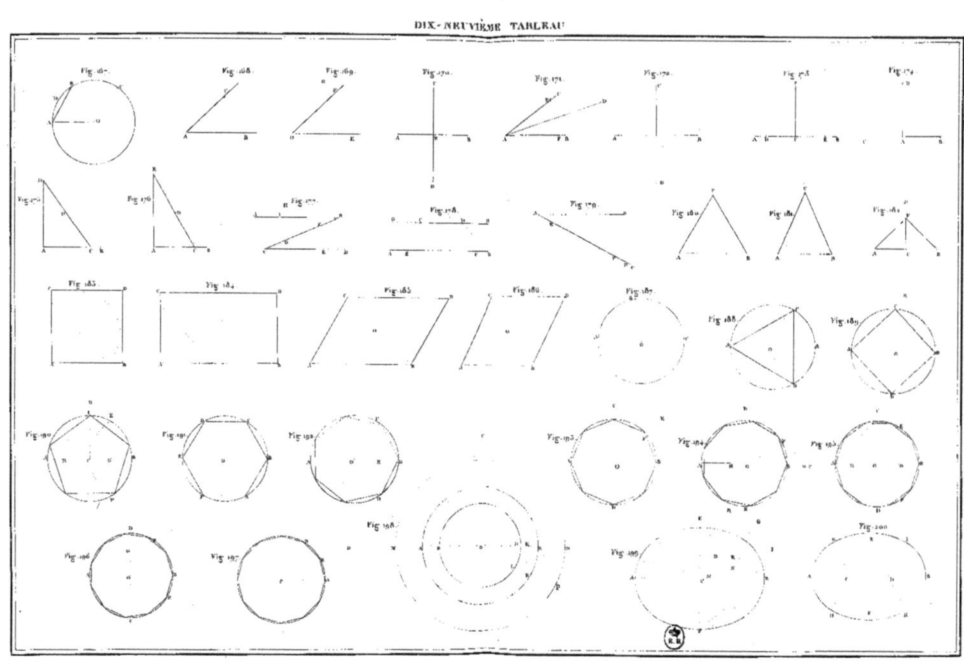

www.ingramcontent.com/pod-product-compliance
Ingram Content Group UK Ltd.
Pitfield, Milton Keynes, MK11 3LW, UK
UKHW020349220726
13923UKWH00004B/1589

9 782019 281021